Impressum
Verlag: BABADADA GmbH, Nedderfeld 112 , 22529 Hamburg
Geschäftsführer / Verlagsleitung: Harald Hof
Druck: Books on Demand GmbH, In de Tarpen 42, 22848 Norderstedt

Imprint
Publisher: BABADADA GmbH, Nedderfeld 112 , 22529 Hamburg, Germany
Managing Director / Publishing direction: Harald Hof
Print: Books on Demand GmbH, In de Tarpen 42, 22848 Norderstedt, Germany

ትምህርት ቤት

școală

ማካፈል
a împărți
186/2
መማሪያ ክፍል
sală de clasă
ሰሌዳ
tablă
የትምህርት ቤት ቅጥር ግቢ
curte a școlii
መምህር
profesor
ወረቀት
hârtie
መፃፍ
a scrie
እስክሪብቶ
instrument de scris
ያ ጠረጴዛ
să de birou
ማስመሪያ
riglă
መጽሐፍ
carte
ተማሪ
elev

የጀርባ ቦርሳ

ghiozdan

የእርሳስ መያዣ

penar

እርሳስ

creion

የእርሳስ መቅረጫ

ascuțitoare

ላጲስ

radieră

የስዕል ደብተር

bloc de desen

ስዕል
desen

የቀለም ብሩሽ
pensulă

የቀለም ሳጥን
cutie de acuarele

መቀስ
foarfece

ማጣበቂያ
lipici

መልመጃ ደብተር
caiet de exerciții

የቤት ስራ
temă

12

ቁጥር
număr

2+2

መደመር
a aduna

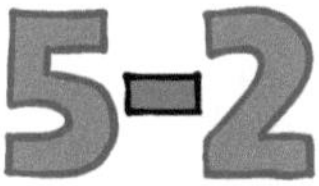

5-2

መቀነስ
a scădea

2×2

ማባዛት
a multiplica

ቁጥሮችን ማስላት
a calcula

A

ደብዳቤ
literă

ABCDEFG
HIJKLMN
OPQRSTU
VWXYZ

ፊደላት
alfabet

hello

ቃል
cuvânt

ፅሑፍ

text

ማንበብ

a citi

ጠመኔ

cretă

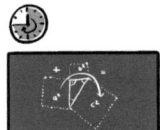

ትምህርት

oră

ምዝገባ

catalog

ፈተና

examen

ሰርተፊኬት

certificat

የትምህርት ቤት የደንብ ልብስ

uniformă școlară

ትምህርት

educație

አዉደ ጥበብ

enciclopedie

ዩኒቨርስቲ

universitate

የምርምር አጉሊ መሳርያ

microscop

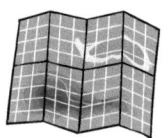

ካርታ

hartă

የቆሻሻ ወረቀት መጣያ ቅርጫት

coș de gunoi

Grand
ሆቴል
hotel
ማረፊያ ቤት
hostel
የዉጭ ገንዘብ ምንዛሪ ቢሮ
casă de schimb valutar
ልብስ መያዣ
ሻንጣ
valiză
መኪና
autovehicul

ቋንቋ

limbă

አዎ/ አይደለም

da/nu

እሺ

okay

ሰላም

Bună!

አስተርጓሚ

interpret

አመሰግናለሁ

mulțumesc

ስንት ነዉ.......?

Cât costă...?

አልገባኝም

Nu înțeleg

እክል

problemă

እንደምን አመሹ!

Bună seara!

እንደምን አደሩ!

Bună dimineața!

መልካም ምሽት!

Noapte bună!

ደህና ይሰንብቱ

la revedere

አቅጣጫ

direcție

ሻንጣ

bagaj

ቦርሳ

geantă

የጀርባ ቦርሳ

rucsac

እንግዳ

oaspete

ክፍል

cameră

የመተኛ ቦርሳ

sac de dormit

ድንኳን

cort

የጎብኚዎች መረጃ
....
punct de informare turistică

የባህር ዳርቻ
....
plajă

ክሬዲት ካርድ
....
carte de credit

ቁርስ
....
mic dejun

ምሳ
....
masa de prânz

እራት
....
cină

ቲኬት
....
bilet de călătorie

አሳንሰር
....
lift

ማህተም
....
timbru poștal

ድንበር
....
graniță

ባህሎች
....
vamă

ኤምባሲ
....
ambasadă

ቪዛ/የይለፍ ወረቀት
....
viză

ፓስፖርት
....
pașaport

መጓጓዣ
transport

አዉሮፕላን
avion
መርከብ
vas
የእሳት አደጋ መኪና
mașină de pompieri
autobuz
የጭነት መኪና
camion
የሞተር ጀልባ
șalupă
ብስክሌት
bicicletă
መኪና
autovehicul

የማመላለሻ ጀልባ

feribot

ጀልባ

barcă

የሞተር ብስክሌት

motocicletă

የፖሊስ መኪና

mașină de poliție

የዉድድር መኪና

mașină de curse

የኪራይ መኪና

mașină închiriată

የመኪና መጋራት

....

car sharing

ጎታች መኪና

....

mașină de tractat

የቆሻሻ ጭነት መኪና

....

mașină de gunoi

ተር

....

motor

ነዳጅ

....

combustibil

የቤንዚን ማደያ

....

benzinărie

የመንገድ ምልክት

....

semn de circulație

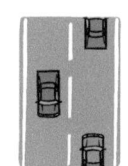

የመኪኖች እንቅስቃሴ

....

trafic

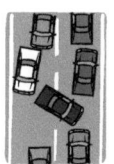

የመኪና መ ናነቅ

....

ambuteiaj

የመኪና ማቆሚያ

....

parcare

የባቡር ጣቢያ

....

gară

የባቡር ሀዲዶች

....

șine

ባቡር

....

tren

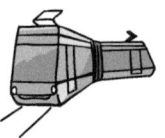

የኤሌክትሪክ ባቡር

....

tramvai

ሰረገላ

....

vagon

ሄሊኮፕተር

elicopter

አየር ማረፊያ

aeroport

ማማ

turn

መንገደኛ

pasager

ማስቀመጫ፤ ማጠራቀሚያ

container

ካርቶን እቃ ማሸጊያ

carton

ጋሪ፤ ተሳቢ

căruță

ቅርጫት

coș

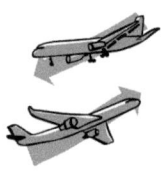

መነሳት/ ማረፍ

a decola/a ateriza

ከተማ

oraș

መንደር

sat

የከተማ ማዕከል

centru

ቤት

casă

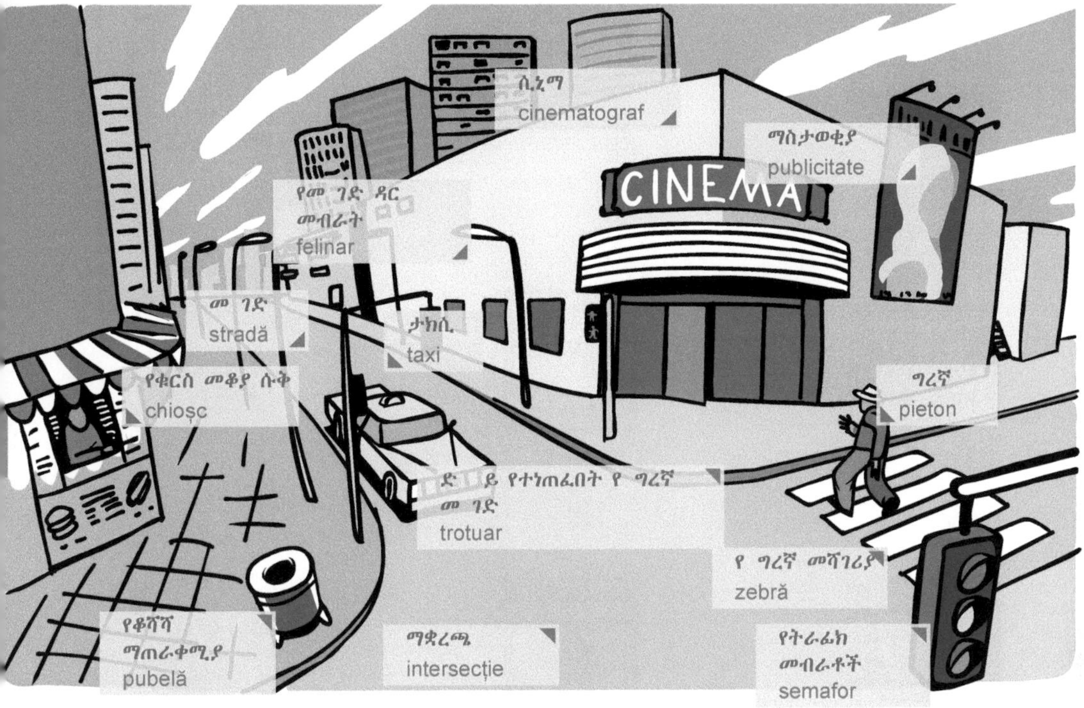
ሲኒማ
cinematograf
ማስታወቂያ
publicitate
CINEMA
የመ ገድ ዳር መብራት
felinar
መ ገድ
stradă
ታክሲ
taxi
የቁርስ መቆያ ሱቅ
chioșc
ግረኛ
pieton
ድ ይ የተነጠፈበት የ ግረኛ መ ገድ
trotuar
የ ግረኛ መሻገሪያ
zebră
የቆሻሻ ማጠራቀሚያ
pubelă
ማቋረጫ
intersecție
የትራፊክ መብራቶች
semafor

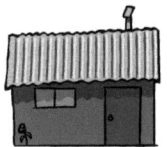

ጎጆ

cabană

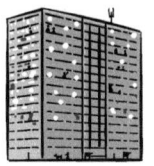

አፓርታማ

apartament

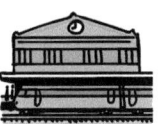

የባቡር ጣቢያ

gară

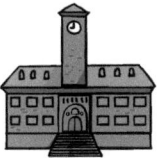

የከተማ አዳራሽ

primărie

MUSEUM

ቤተ መዘክር

muzeu

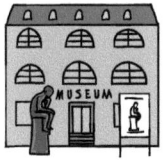

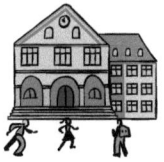

ትምህርት ቤት

școală

ኒቨርስቲ

universitate

ባንክ

bancă

ሆስፒታል

spital

ሆቴል

hotel

ድሐኒት ቤት

farmacie

ቢሮ

birou

ፅሐፍ ሸጫ

librărie

ሱቅ

magazin

የአበባ ሸጫ

florărie

የሸቀጣ ሸቀጥ ደብር

supermarket

ገበያ ስፍራ

piață

ደብር

magazin universal

የዓሳ ነጋዴ

comerciant de pește

የገበያ ማዕከል

centru comercial

ወደብ

port

መናፈሻ ቦታ

parc

አግዳሚ ወንበር

bancă

ድልድይ

pod

ደረጃዎች

trepte

ዉስጥ ለዉስጥ

metrou

ዋሻ

tunel

የአዉቶቡስ ፌርማታ

stație de autobuz

ባር

bar

ምግብ ቤት

restaurant

የፖስታ ሳጥን

cutie poștală

የመንገድ ምልክት

tăbliță indicatoare cu numele străzii

የመኪና ማቆሚያ ሒሳብ የሚያሰላ ማሽን

parcometru

የደር እንስሳት ማቆያ

grădină zoologică

የመዋኛ ገንዳ

piscină

መስጊድ

moschee

እርሻ
....
gospodărie țărănească

የሚበክል ነገር
....
poluare

መቃብር ስፍራ
....
cimitir

ቤተ ክርስቲያን
....
biserică

መጫወቻ ሜዳ
....
loc de joacă

ቤተ መቅደስ
....
templu

መልከዓምድር

peisaj

ቅጠል
frunză

የመንገድ ላይ
ምልክት
indicator

መንገድ
drum

አረንጓዴ መስክ
pajiște

በእግሩ የሚጓዝ
drumeț

ድንጋይ
piatră

ዛፍ
copac

ወንዝ
râu

ሳር
iarbă

አበባ
floare

ሸለቆ

vale

ኮረብታ

deal

ሀይቅ

lac

ጫካ

pădure

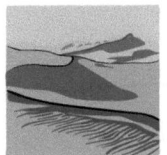

በረሃ

deșert

እሳተ ገሞራ

vulcan

ግምብ

castel

ቀስተ ደመና

curcubeu

እንጉዳይ

ciupercă

የቴምብር ዛፍ/ ዘንባባ

palmier

ቢንቢ/ የወባ ትንኝ

țânțar

በራሪ

muscă

ጉንዳን

furnică

ንብ

albină

ሸረሪት

păianjen

ጢንዚዛ

....

gândac

እንቁራሪት

....

broască

ሽኮኮ

....

veveriță

ጃርት

....

arici

ጥንቸል

....

iepure

ጉጉት ወፍ

....

bufniță

ወፍ

....

pasăre

የዉሃ ዳክዬ

....

lebădă

ከርከሮ

....

porc mistreț

አጋዘን

....

cerb

አጋዘን

....

elan

ግድብ

....

dig

በነፋስ የሚሽከረከር

....

turbină eoliană

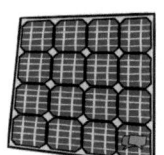

የፀሀይ ፓኔሎ

....

panou solar

አየር ንብረት

....

climă

ምግብ ቤት

restaurant

አስተናጋጅ
chelnăr
ማዉጫ
meniu
ወንበር
scaun
ሾርባ
supă
ፒዛ
pizza
መክተፊያ
tacâmuri
የጠረጴዛ ጨርቅ
față de masă

የምግብ ፍላጎትን የሚከፍት ምግብ

antreu

ዋና ምግብ

fel principal

ማጣጣሚያ ተከታይ ምግብ

desert

መጠጦች

băuturi

ምግብ

mâncare

ጠርሙስ

sticlă

ፈጣን ምግብ

fastfood

የመንገድ ምግብ

streetfood

የሻይ ማንቆርቆሪያ

ceainic

የስኳር እቃ

zaharniță

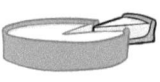

ድርሻ

porție

የቡና ማፊያ ማሽን

espressor

ባለጌ ወንበር

scaun înalt (pentru copii)

የክፍያ ደረሰኝ

factură

ትሪ

tavă

ቢላዋ

cuțit

ሹካ

furculiță

ማንኪያ

lingură

የሻይ ማንኪያ

linguriță

ልብስ ምግብ እንዳይነካ የሚረዳ
ጨርቅ

șervețel

ብርጭቆ

pahar

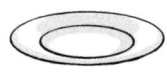

ዝርግ ሰሀን

farfurie

የሾርባ ጎድጓዳ ሰሀን

farfurie de supă

የስኒ ማስቀመጫ

farfurie

ማጣፈጫ ስጎ

sos

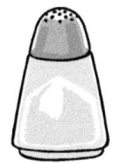

የጨው እቃ

solniță

የተፈጨ ቃሪያ

râșniță de piper

ኮምጣጤ

oțet

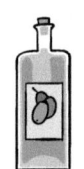

የምግብ ዘይት

ulei

ቀመማ ቅመሞች

condimente

የቲማቲም ድልህ

ketchup

ሰናፍጭ

muștar

ማዮኒዝ

maioneză

የሸቀጣ ሸቀጥ መደብር

supermarket

ልዩ አቅራቦት
ofertă
FOR
ደምበኛ
client
የወተት ተዋፅዖ
produse lactate
ፍራፍሬ
fructe
ባለ ጎማ የእጅ ጋሪ
cărucior de cumpărături

ሉካንዳ ነጋዴ
....
măcelărie

መጋገርያ
....
brutărie

ክብደት መመዘን
....
a cântări

ቅጠላ ቅጠል አትክልት
....
legume

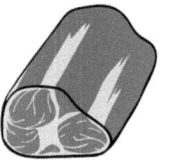

ስጋ
....
carne

የቀዘቀዘ/የረጋ ምግብ
....
alimente refrigerate

ቀዝቃዛ ቁራጭ

....

mezeluri și brânzeturi feliate

የታሸገ ምግብ

....

conserve

የማጠቢያ ዱቄት

....

detergent

ጣፋጮች

....

dulciuri

የቤት ዉስጥ ዉጤቶች

....

articole de menaj

የፅዳት ምርቶች

....

produse de curățenie

የሽያጭ ባለሙያ

....

vânzătoare

የገንዘብ መመዝቢያ ማሽን

....

casă

የሒሳብ ሰራተኛ

....

casier

የግዢ ዝርዝር

....

listă de cumpărături

ክፍት ሰዓታት

....

orar

የኪስ ቦርሳ

....

portmoneu

ክሬዲት ካርድ

....

carte de credit

ቦርሳ

....

geantă

የፕላስቲክ ቦርሳ

....

pungă de plastic

መጠጦች

băuturi

ዉሃ

apă

ጭማቂ

suc

ወተት

lapte

ኮካ-ኮላ

cola

ወይን

vin

ቢራ

bere

አልኮል

alcool

ኮካ

cacao

ሻይ

ceai

ቡና

cafea

የተፈላ ቡና

espresso

ካፑቺኖ

cappucino

ሙዝ

banane

ፖም

măr

ብርቱካን

portocală

ሀብሀብ

pepene

ሎሚ

lămâie

ካሮት

morcov

ነጭ ሽንኩርት

usturoi

ሸምበቆ

bambus

ቀይ ሽንኩርት

ceapă

እንጉዳይ

ciupercă

ለዉዝ

nuci

የህፃናት ምግብ

paste făinoase

ፓስታ

spagheti

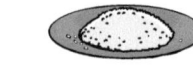

ሩዝ

orez

ሰላጣ

salată

የድንች ጥብስ

cartofi prăjiți

ድንች ጥብስ

cartofi țărănești

ፒዛ

pizza

ዳቦ ዉስጥ በስሱ ተጠብሶ የገባ ስጋ

hamburger

ሳንድዊች

sandwich

ጥሬ ስጋ

șnițel

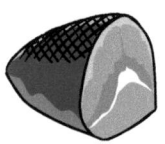

የአሳማ ስጋ

șuncă

በቅመምና በጨዉ የታሸ ምግብ
ቀዝቅዞ የሚበላ ሾርባ ምግብ

salam

ቋሊማ

cârnați

ዶሮ

pui

ጥብስ

friptură

አሳ

pește

የአጃ ገንፎ

fulgi de ovăz

ከወተት ጋር ተደባልቀዉ የሚበሉ
"ምግቦች"

musli

የበቆሎ ቅርፊት

cereale

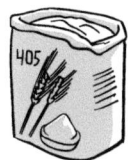

ዱቄት

făină

ኩራሳ

corn

ድብልብል ዳቦ

chifle

ዳቦ

pâine

መጥበስ

pâine prăjită

ብስኩት

biscuiți

ቅቤ

unt

እርጎ

brânză de vaci

ኬክ

prăjitură

እንቁላል

ou

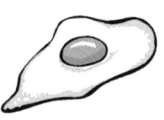

እንቁላል ጥብስ

ouă ochiuri

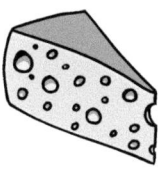

አይብ

brânză

ምግብ - mâncare

የበረዶ ክሬም

înghețată

ስኳር

zahăr

ማር

miere

ማርማላት

marmeladă

የተናጠ የወተት ክሬም

cremă nuga

ማጣፈጫ

curry

እርሻ

gospodărie țărănească

የጭድ ክምር
balot de paie
የእህልና የከብት ማቀመጫ ቤት
șură
ሜዳ
câmp
ፈረስ
cal
ተሳቢ መኪና
remorcă
የፈረስ ዉርንጭላ
mânz
የእርሻ መኪና
tractor
አህያ
măgar
በግ
oaie
የበግ ጠቦት
miel

ፍየል

capră

ላም

vacă

ጥጃ

vițel

አሳማ

porc

ግልገል አሳማ

purcel

ኮርማ

taur

ዝይ

găină

ዳክዬ

rață

የዶሮ ጫጩት

pui

ዶር

găină

አውራ ዶሮ

cocoș

አይጥ

șobolan

ደድመት

pisică

አይጥ

șoarece

በሬ

bou

ውሻ

câine

የውሻ ቤት

cușcă

የአትክልት ቦታ

furtun de grădină

ውሃ ማጠጫ ባልዲ

stropitoare

ረጅም ማጭድ

coasă

ማረሻ

plug

ማጭድ
seceră

መኮትኮቻ
sapă

የእህል መንሽ
furcă

መጥረቢያ
secure

ኩርኩር/ የእጅ ጋሪ
roabă

ገንዳ
troacă

የወተት ዕቃ
cană pentru lapte

ጆንያ ከረጢት
sac

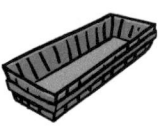

አጥር
gard

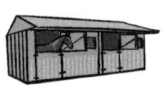

የፈረስ ጋጣ
grajd

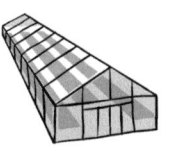

ዕፅዋት ማሳደጊያ የመስታዉት ቤት
seră

አፈር
sol

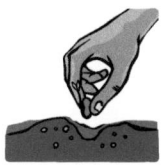

ዘር
sămânță

የመሬት ማዳበሪያ
fertilizator

ጥምር ማረሻ
combină de treierat

እርሻ - gospodărie țărănească

አዝመራ መሰብሰብ

a culege

አዝመራ

recoltă

ድንች

cartof yam

ስንዴ

grâu

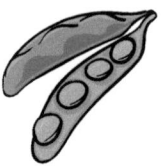

ሶያ

soia

ድንች

cartof

በቆሎ

porumb

የከብት መኖ

rapiță

የፍሬ ዛፍ

pom fructifer

የካሳቫ ዛፍ

manioc

እህል

cereale

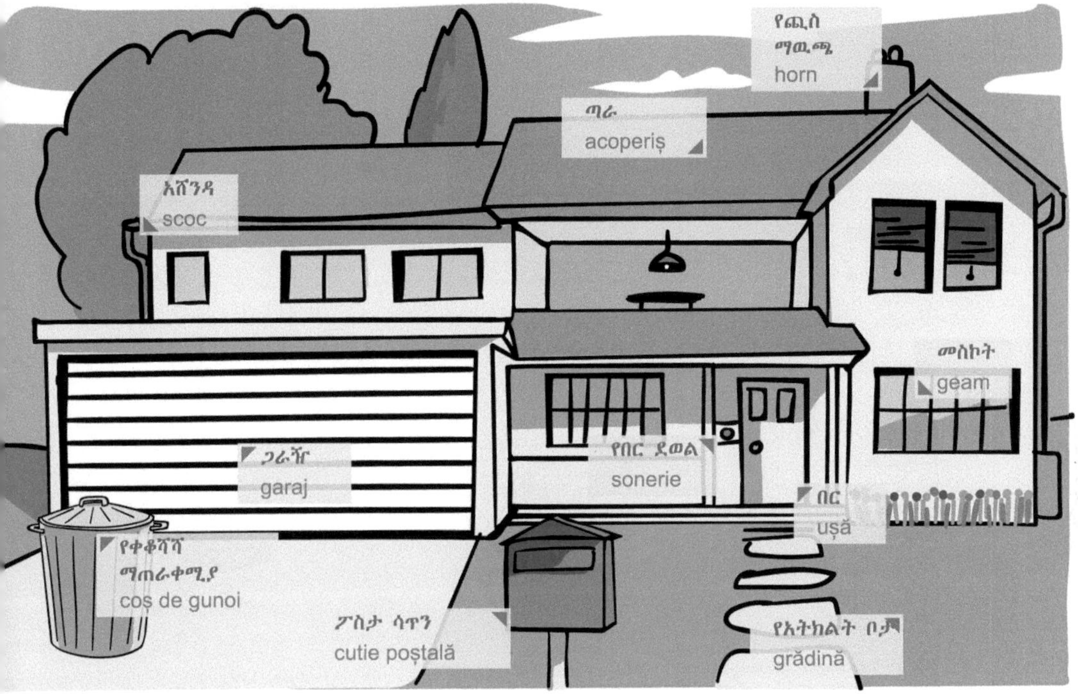

የጪስ ማዉጫ
horn

ጣራ
acoperiș

አሸንዳ
scoc

መስኮት
geam

ጋራዥ
garaj

የበር ደወል
sonerie

በር
ușă

የቆሻሻ ማጠራቀሚያ
coș de gunoi

ፖስታ ሳጥን
cutie poștală

የአትክልት ቦታ
grădină

ሳሎን
cameră de zi

መታጠቢያ ቤት
baie

ማድቤት
bucătărie

መኝታ ቤት
dormitor

የልጅ ክፍል
camera copiilor

መመገቢያ ክፍል
sufragerie

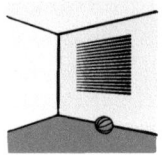

ወለል
....
podea

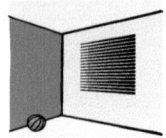

ግድግዳ
....
perete

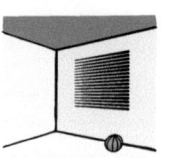

ጣሪያ
....
tavan

ምድር ቤት
....
pivniţă

በእንፋሎት ሙቀት መታጠቢያ
.....ቤት.....
saună

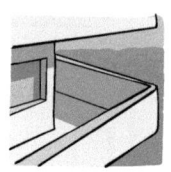

ሰገነት
....
balcon

ከፍ ያለ መደብ
....
terasă

የመዋኛ ገንዳ
....
piscină

የማጨጃ መኪና
....
maşină de tuns iarba

አንሶላ
....
cearşaf

የአልጋ ልብስ
....
cuvertură

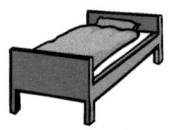

አልጋ
....
pat

መጥረጊያ
....
mătură

ባልዲ
....
găleată

ማብሪያና ማጥፊያ
....
întrerupător

ሳሎን

cameră de zi

የግድግዳ ወረቀት
tapet
ፎቶ
pictură
መብራት
lampă
መደርደሪያ
raft
ቁም ሳጥን፤ ካቢኔ
dulap
televizor
የእሳት መሞቂያ
șemineu
አበባ
floare
ትራስ
pernă
ሶፋ
sofa
የአበባ ማስቀመጫ
vază
ሪሞት ኮንትሮል
telecomandă

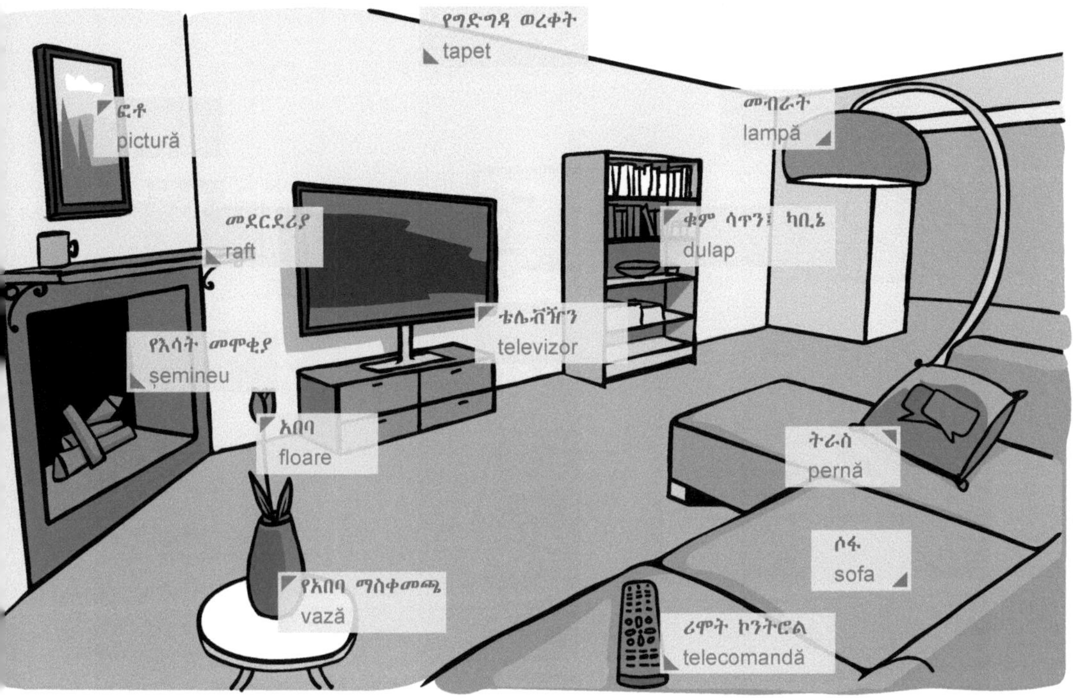

ንጣፍ

covor

መጋረጃ

perdea

ጠረጴዛ

masă

ወንበር

scaun

ተወዛዋዥ ወንበር

balansoar

ባለመደገፊያ ወንበር

fotoliu

መጽሐፍ

carte

ብርድ ልብስ

pătură

ጌጥ

decoraţiune

ማገዶ

lemn de foc

ፊልም

film

የሙዚቃ መማጫወቻ

instalaţie stereo

ቁልፍ

cheie

ጋዜጣ

ziar

ስዕል

desen

የተለጠፈ ማስታወቂያ እንደ ስዕል

poster

ራዲዮ

radio

ማስታወሻ ደብተር

caiet de notiţe

የአየር ማፅጃ ለምንጣፍ

aspirator

ቁልቋል

cactus

ሻማ

lumânare

bucătărie

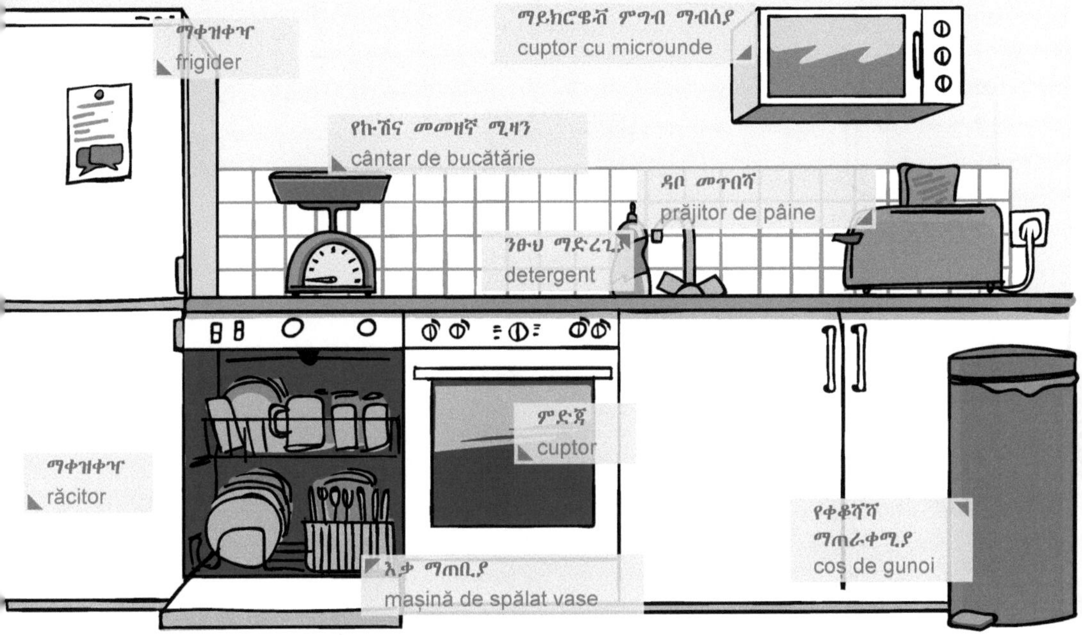

ማቀዝቀዣ
frigider
ማይክሮዌቭ ምግብ ማብሰያ
cuptor cu microunde
የኩሽና መመዘኛ ሚዛን
cântar de bucătărie
ዳቦ መጥበሻ
prăjitor de pâine
ንፁህ ማድረጊያ
detergent
ምድጃ
cuptor
ማቀዝቀዣ
răcitor
የቆሻሻ ማጠራቀሚያ
coș de gunoi
እቃ ማጠቢያ
mașină de spălat vase

ምግብ አብሳይ

cuptor

ማሰሮ

oală

የብረት ማሰሮ

oală de metal

ምግብ ማብሰያ ዝርግ ድስት

wok/kadai

የምግብ መጥበሻ

tigaie

ማንቆርቆሪያ

ceainic

ማድቤት - bucătărie 35

የእንፋሎት ማብሰያ

oală de gătit cu aburi

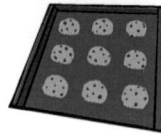

የመጋገሪያ ትሪ

tavă de copt

ሰብስቦች

veselă

ትልቅ ኩባያ

pahar

ጎድጓዳ ሳህን

bol

ቾፕስቲክስ

bețișoare

ጭልፋ

polonic

መሰቅሰቂያ ዝርግ ማንኪያ

spatulă

ማደባለቂያ

tel

መወጠሪያ

sită

ወንፊት

sită

መፈርፈሪያ መሳሪያ

răzătoare

ሲሚንቶ

mojar

የፍም ጥብስ

grătar

የተለቀቀ እሳት

loc pentru grătar

መክተፊያ

tocător

ተንሸራታች መርፌ

sucitor

የጠርሙስ መክፈቻ

tirbușon

ጣሳ

conservă

የጣሳ መክፈቻ

deschizător de conserve

የማሰሮ መሸፈኛ

șervete termice

ሳህን ማጠቢያ

chiuvetă

ብሩሽ

perie

ስፖንጅ

burete

መደባለቂያ መሳሪያ

mixer

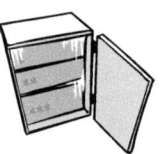

በጣም ማቀዝቀዣ

ladă frigorifică

ጡጦ

biberon

ቧንቧ

robinet

መታጠቢያ ቤት

baie

ማሞቂያ
încălzire
መታጠቢያ
duș
ፎጣ
prosop
የመታጠቢያ ቤት መጋረጃ
perdea de duș
የአረፋ መታጠቢያ
baie cu spumă
የመታጠቢያ ገንዳ
cadă
ብርጭቆ
pahar
የልብስ ማጠቢያ
mașină de spălat
ቧንቧ
robinet
ማዕዘን ወለል
gresie
ፖፖ
oală de noapte
ሳህን ማጠቢያ
chiuvetă

ሽንት ቤት

toaletă

የሽንት ቤት መቀመጫ

toaletă turcescă

ሳፋ

bideu

የመንገድ ዳር መሽኛ

pisoir

የሽንት ቤት ወረቀት

hârtie igienică

የሽንት ቤት ማፅጃ ብሩሽ

perie de toaletă

የጥርስ ብሩሽ

periuță de dinți

የጥርስ ሳሙና

pastă de dinți

የጥርስ ማፅጃ ክር

ață dentară

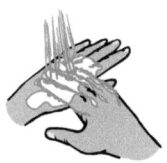

መታጠብ

a spăla

የእጅ መታጠቢያ

cap de duș

መታጠቢያ

duș intim

ጎድጓዳ ሳህን

lavoar

የጀርባ ብሩሽ

perie pentru spate

ሳሙና

săpun

የመታጠቢያ የሚዝለገለግ ሳሙና

gel de duș

የፀጉር መታጠቢያ ሳሙና

șampon

ለስላሳ ጨርቅ

cârpă de spălat

ፍሳሽ

scurgere

ክሬም

cremă

ጠረን መቀየሪያ ንጥረ ነገር

deodorant

መስታወት

oglindă

የእጅ መስታወት

oglindă cosmetică

ምላጭ

aparat de ras

የመላጫ ክሬም

spumă de ras

ከመላጨት በኋላ የሚቀባ ሽቱ

aftershave

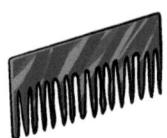

ማበጠሪያ

pieptene

ብሩሽ

perie

የፀጉር ማድረቂያ

uscător de păr

በፀጉር ላይ የሚነፋ

fixator

የፊት መቀባቢያ

machiaj

የከንፈር ቀለም

ruj

የጥፍር ቀለም

lac de unghii

የጥጥ ሱፍ

vată

ጥፍር መቁረጫ

foarfece de unghii

ሽቶ

parfum

ማጠቢያ ባልዲ

neseser

መቀመጫ

taburet

ሚዛን

cântar

የመታጠቢያ ልብስ

halat de baie

የላስቲክ ጓንት

mănuși de cauciuc

ሞዴስ

tampon

የፅዳት ፎጣ

tampon

የሽንት ቤት ኬሚካል

toaletă chimică

ልጅ ክፍል

camera copiilor

ceas deșteptător
የህፃን አሻንጉሊት
jucărie de pluș
የመጫወቻ መኪና
mașină de jucărie
ማንገጫገጫ መጫወቻ
morișcă
የአሻንጉሊት ቤት
casă de păpuși
ስጦታ
cadou

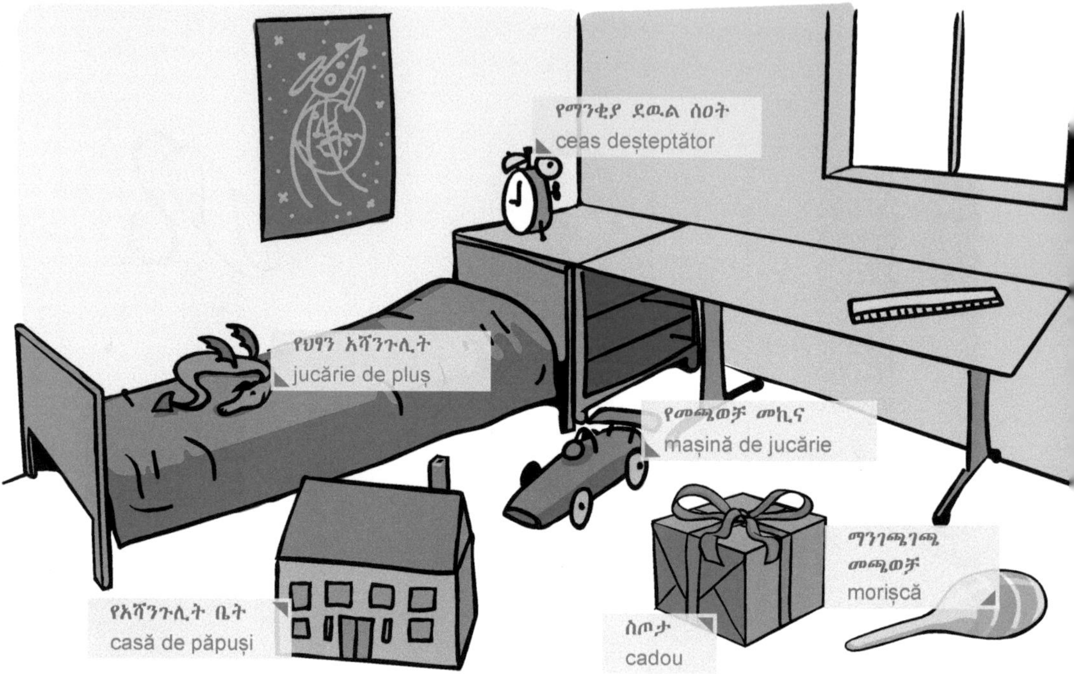

ፊኛ

balon

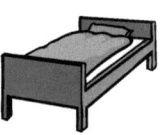

አልጋ

pat

የህፃን ማንሸራሸሪያ ጋሪ

cărucior de copii

የካርታ መጫወቻ

joc de cărți

ቁርጥራጭ ምስሎችን የማገጣጠም
እና ምስል የማግኘት ጨዋታ

puzzle

አዝናኝ

revistă de benzi desenate

ተገጣጣሚ መጫወቻ

cuburi lego

የመጫወቻ መገጣጠሚያዎች

piese pentru construcţii

የድርጊት ምስል

personaj din filmele de
acţiune

የህፃን እድገት

body

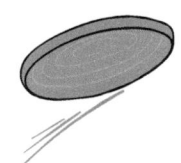

የፕላስቲክ መጫወቻ ዝርግ ሰሀን

frisbee

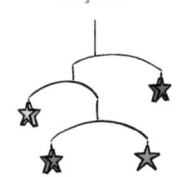

ተወዛዋዥ የህፃን ማጫወቻ

mobil

የሰሌዳ ጨዋታ

joc de societate

የመጫወቻ ጠጠር

zar

የመጫወቻ ባቡር

set trenuleţ de jucărie

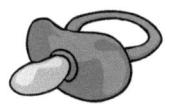

የእንጀራ እናት ጡጦ

suzetă

ድግስ

petrecere

የስዕል መፅሀፍ

carte cu poze

ኳስ

minge

አሻንጉሊት

păpuşă

መጫወት

a se juca

የአሸዋ መጫወቻ

groapă de nisip

ዥዋዥዌ

leagăn

መጫወቻዎች

jucării

የቪዲዮ መጫወቻ

consolă video

ባለ ሶስት ጎማ ብስክሌት

tricicletă

የአሻንጉሊት ድብ

ursuleț

ቁምሳጥን

dulap

አልባሳት

îmbrăcăminte

ካልሲዎች

șosete

ስ ኪንጎች

ciorapi

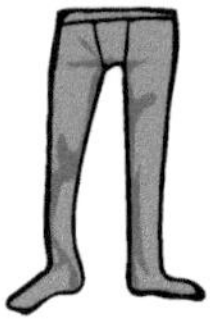

ታይት

dres

የአንገት ልብስ
şal

ቀበቶ
curea

ግንጥላ
umbrelă

ክናቴራ
tricou

ስኒከሮች
pantofi sport

ቡቲ
cizme

የቤት ዉስጥ ነጠላ ጫማ
papuci

ነጠላ ጫማዎች
sandale

ጫማዎች
încălţăminte

የዝናብ ቡትስ
cizme de cauciuc

ሙታንታ
chilot

ጡት መያዣ
sutien

ሰደርያ
maiou

ሰዉነት

body

ሱሪዎች

pantaloni

ጅንስ

blugi

ጉርድ ቀሚስ

fustă

ሸሚዝ

bluză

ሸሚዝ

cămașă

የሚጠለቅ ሹራብ

pulover

ሹራብ

jerseu

ዩኒፎርም ጃኬት

sacou

ጃኬት

jachetă

ኮት

palton

የዝናብ ኮት

pelerină de ploaie

ልብስ

costum

ቀሚስ

rochie

የሙሽራ ቀሚስ

rochie de mireasă

ሱፍ

costum

የለሊት ልብስ

cămașă de noapte

የለሊት ልብስ

pijama

ረጅም ቀሚስ

sari

ሂጃብ

batic

ጥምጣም

turban

ቡርቃ

burka

ሽርጥ

caftan

አባያ

abaya

የዋና ልብስ

costum de baie

አጭር ቁምጣ

șort

ቁምጣዎች

pantaloni scurți

የስራ ቱታ

trening

ሽርጥ

șorț

ጓንት

mănuși

ቁልፍ

nasture

መነፅር

ochelari

አምባር

brățară

የአንገት ሀብል

lanț

ቀለበት

inel

የጆሮ ጌጥ

cercel

ኮፍያ

căciulă

የኮት መስቀያ

umeraș

ኮፍያ

pălărie

ከረቫት

cravată

ዚፕ

fermoar

የብረት ቆብ

cască

መደገፊያ

bretele

የትምህርት ቤት የደንብ ልብስ

uniformă școlară

የደንብ ልብስ

uniformă

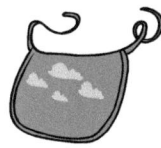

መሃረብ

bavețică

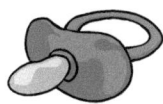

የእንጀራ እናት ጡጦ

suzetă

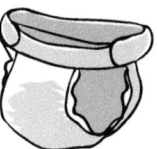

ሽንት ጨርቅ

scutec

ቢሮ
birou

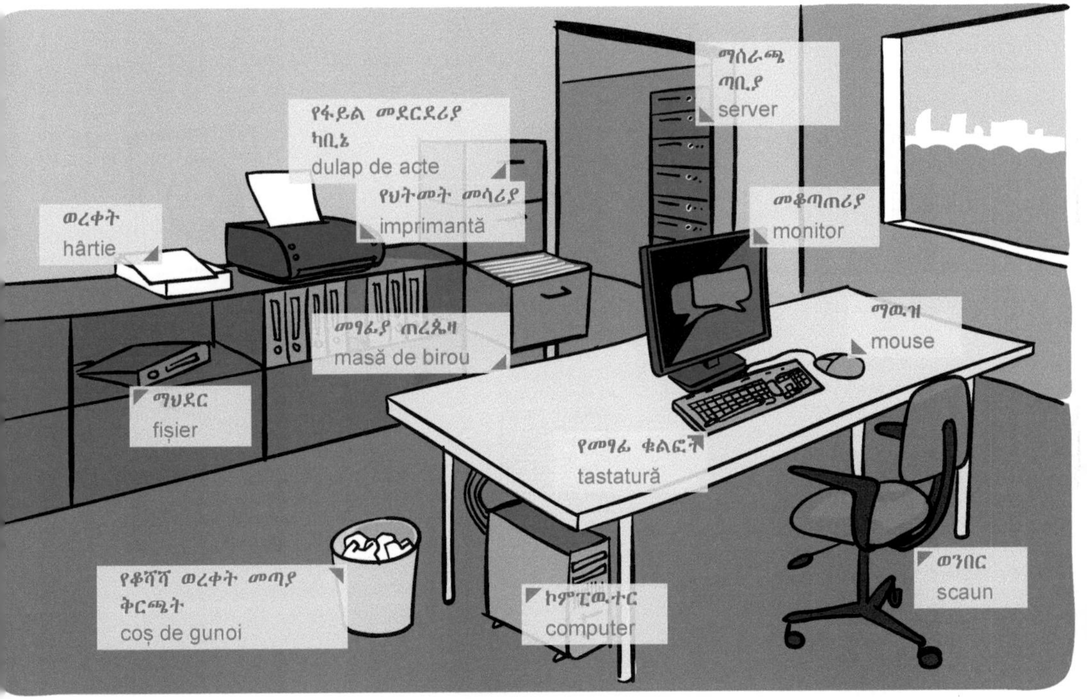

ማስረጫ ጣቢያ
server
የፋይል መደርደሪያ ካቢኔ
dulap de acte
የህትመት መሳሪያ
imprimantă
ወረቀት
hârtie
መቆጣጠሪያ
monitor
ማዉዝ
mouse
መፃፊያ ጠረጴዛ
masă de birou
ማህደር
fișier
የመፃፊ ቁልፎች
tastatură
ወንበር
scaun
የቆሻሻ ወረቀት መጣያ ቅርጫት
coș de gunoi
ኮምፒዉተር
computer

የቡና መጠጫ ትልቅ ኩባያ

ceașcă de cafea

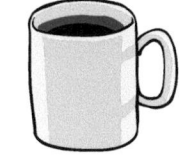

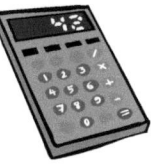

ማስሊያ ማሽን

calculator

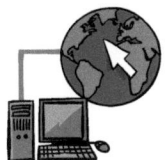

ኢንተርኔት

internet

ላፕቶፕ

laptop

ደብዳቤ

scrisoare

መልዕክት

mesaj

ተንቀሳቃሽ ስልክ

telefon mobil

የግንኙነት አዉታር

rețea

ማባዣ ማሽን

copiator

ሶፍትዌር

software

ስልክ

telefon

የግድግዳ ሶኬት

priză

የፋክስ ማሽን

fax

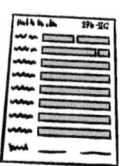

ቅፅ

formular

ሰነድ

document

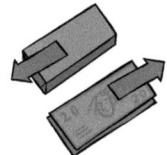

መግዛት
....
a cumpăra

መክፈል
....
a plăti

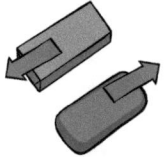

መነገድ
....
a face comerț

ገንዘብ
....
bani

ዶላር
....
Dolar

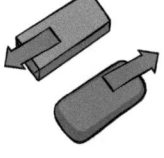

ዩሮ
....
Euro

የን
....
Yen

ሩብል
....
Rublă

የስዊዝ ፍራንክ
....
Franc Elvețian

ሬንሚንቢ ዩዋን
....
renminbi yuan

ሩጲ
....
Rupie

የገንዘብ ነጥብ
....
bancomat

የዉጭ ገንዘብ ምንዛሪ ቢሮ

casă de schimb valutar

ወርቅ

aur

ብር

argint

ዘይት

petrol

ሀይል፤ ጉልበት

energie

ዋጋ

preț

ግንኙነት

contract

ቀረጥ

impozit

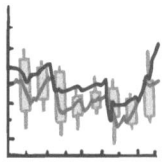

አክስዮን

acțiune

መስራት

a munci

ተቀጣሪ

angajat

ቀጣሪ

angajator

ፋብሪካ

fabrică

ሱቅ

magazin

የፖሊስ አዛዥ
polițist
የእሳት አደጋ ሰራተኛ
pompier
ምግብ አብሳይ
bucătar
ዶክተር
medic
አብራሪ
pilot

አትክልተኛ

grădinar

አናጢ

tâmplar

ልብስ ሰፊ ሴት

cusătoreasă

ዳኛ

judecător

ቀማሚ

chimist

ተዋናይ

actor

የአዉቶቢስ ሹፌር

șofer de autobuz

የታክሲ ሹፌር

șofer de taxi

አሳ አጥማጅ

pescar

ፅዳት ሰራተኛ

femeie de serviciu

የጣራ ሰራተኛ

tinichigiu

አስተናጋጅ

chelnăr

አዳኝ

vânător

ሰዓሊ

pictor

ጋጋሪ

brutar

የኤሌትሪክ ሰራተኛ

electrician

ገምቢ

muncitor în construcții

መሃሃዲስ

inginer

ልኳንዳ

măcelar

የቧንቧ ሰራተኛ

instalator

የፖስታ ሰራተኛ

poștaș

ወታደር

soldat

መሃንዲስ

arhitect

የሒሳብ ሰራተኛ

casier

አበባ ሻጭ

florar

የፀጉር ሰራተኛ

frizer

ቲኬት ቆራጭ

controlor

መካኒክ

mecanic

ካፒቴን

căpitan

የጥርስ ሐኪም

stomatolog

ተመራማሪ

om de știință

መምህር

rabin

የሙስሊም ሃይማኖታዊ መሪ

imam

መነኩሴ

călugăr

ካህን

preot

መሳሪያዎች

instrumente

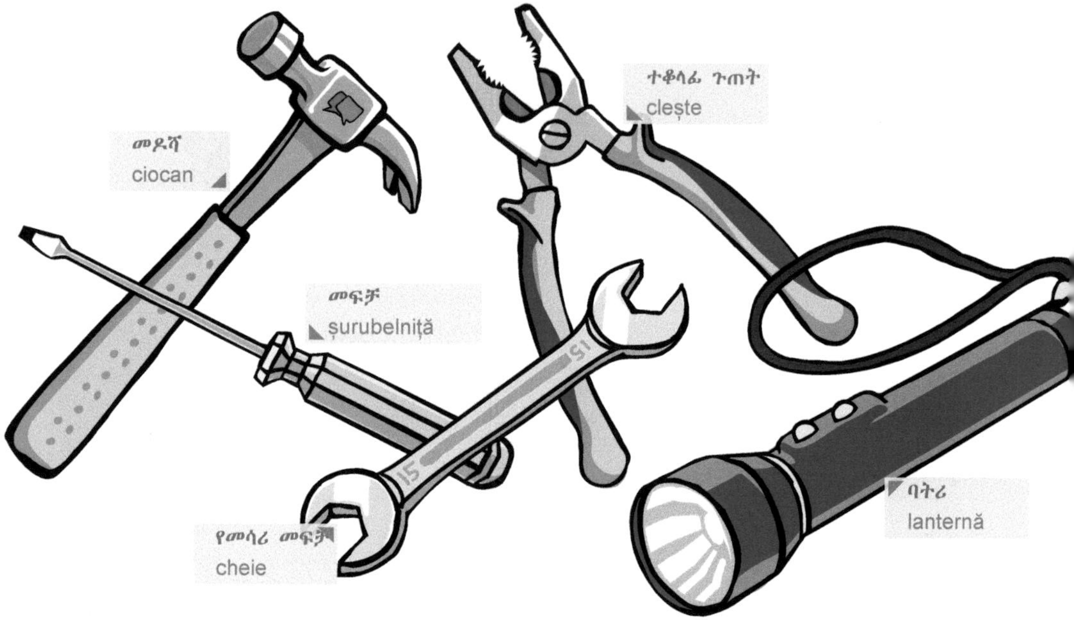

መዶሻ
ciocan
ተቆላፊ ጉጠት
cleşte
መፍቻ
şurubelniţă
የመሳሪ መፍቻ
cheie
ባትሪ
lanternă

በቁፋሮ የሚዝቅ

excavator

የመፍቻ ሳጥን

cutie de scule

መሰላል

scară

መጋዝ

ferăstrău

ምስማር

cuie

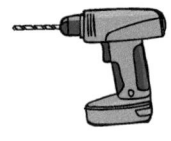

መሰርሰሪያ

burghiu

መጠገን

a repara

አካፋ

lopată

የተረገመ!

La naiba!

ቆሻሻ ማፈሻ

făraș

የቀለም ቆርቆሮ

vas pentru vopsea

ብሎን

șuruburi

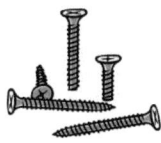

የሙዚቃ መሳሪያዎች

instrumente muzicale

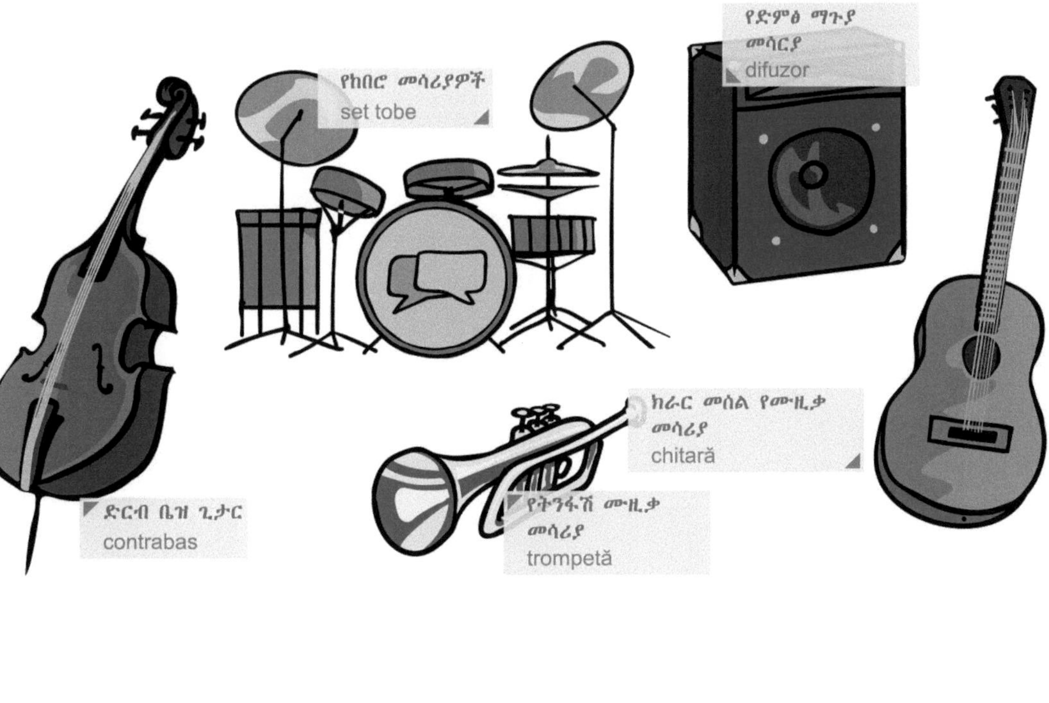

የድምፅ ማጉያ መሳርያ
difuzor
የከበሮ መሳሪያዎች
set tobe
ክራር መሰል የሙዚቃ መሳሪያ
chitară
ድርብ ቤዝ ጊታር
contrabas
የትንፋሽ ሙዚቃ መሳሪያ
trompetă

ፒያኖ

pian

ቫዮሊን

vioară

ወፍራም፤ ጎርናና ድምፅ ያለዉ
ክራር መሰል ሙዚቃ መሳሪያ

bas

ነጋሪት

trombon

ከበሮ

tobă

በኤሌክትሪክ የሚሰራ ፒኖ

keyboard

የትንፋሽ ሙዚቃ መሳሪያ

saxofon

ዋሽንት

fluier

የድምፅ ማጉያ

microfon

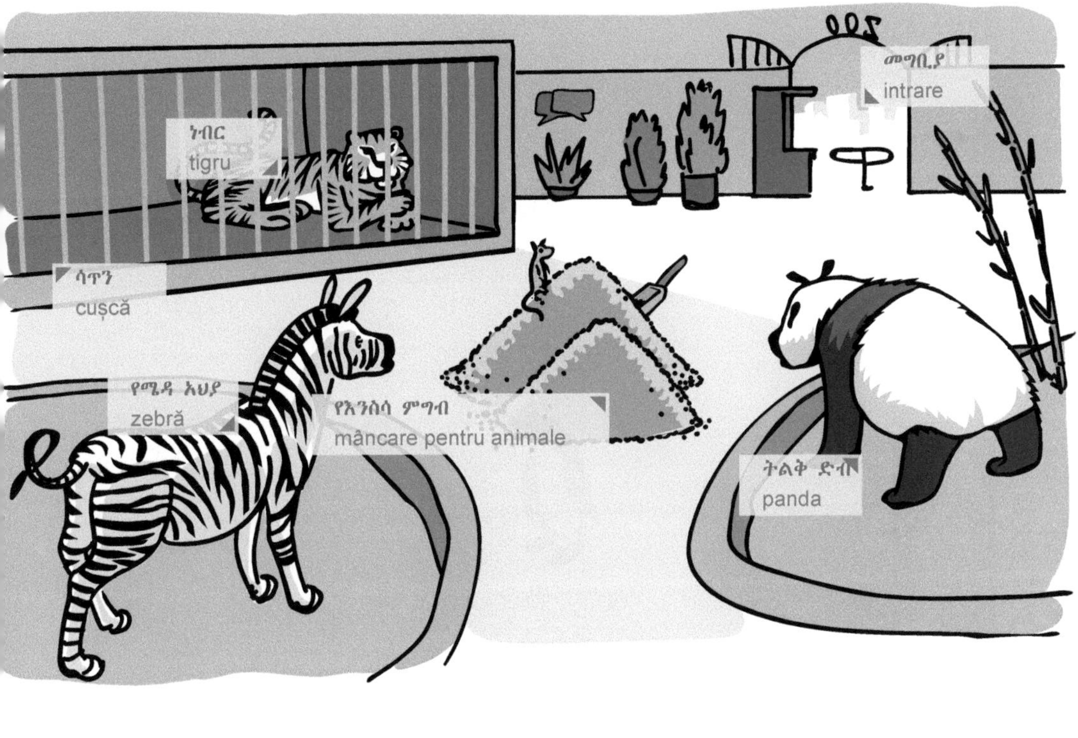

grădină zoologică

ኖብር
tigru

መግቢያ
intrare

zoo

ሳጥን
cușcă

የሜዳ አህያ
zebră

የእንስሳ ምግብ
mâncare pentru animale

ትልቅ ድብ
panda

እንስሳቶች

animale

ዝሆን

elefant

ካንጋሮ

cangur

አዉራሪስ

rinocer

ትልቅ ዝንጀሮ

gorilă

ድብ

urs

ግመል

....

cămilă

ሰጎን

....

struț

አንበሳ

....

leu

ጦጣ

....

maimuță

ቅልጥመ ረዥም ወፍ

....

flamingo

በቀቀን

....

papagal

የወዋልታ ድብ

....

urs polar

የዋልታ ወፎች

....

pinguin

ረጅም ጥርሶች ያሉትአሳ ነባሪ

....

rechin

ጣዎስ

....

păun

እባብ

....

șarpe

አዞ

....

crocodil

የዱር አራዊት የሚጠበቁበት
ማቆያን የሚጠብቅ

....

îngrijitor grădina zoologică

አሳ በሊታ የባህር እንስሳ

....

focă

የዱር ድመት

....

jaguar

ድንክ ፈረስ

ponei

ነብር

leopard

ጉማሬ

hipopotam

ቀጭኔ

girafă

ንስር

acvilă

ከርከሮ

porc mistreț

አሳ

pește

የባህር ኤሊ.

broască țestoasă

የባህር አዉሬ

morsă

ቀበሮ

vulpe

የሜዳ ፍየል ፤ ሚዳቋ

gazelă

የደር እንስሳት ማቆያ - grădină zoologică

የስፖርት አይነቶች

sport

የአሜሪካ እግርኳስ
fotbal american
የብስክሌት ስፖርት
ciclism
ቴኒስ
tenis
የቅርጫት ኳስ
basketball
ዋና
înot
የቡጢ ስፖርት
box
የበረዶ ላይ የገና ጨዋታ
hockey pe gheață

እግር ኳስ

fotbal

የላበ ኳስ ጨዋታ

badminton

አትሌቲክስ

atletism

የእጅ ኳስ ስፖርት

handbal

የበረዶ መንሸራተት ስፖርት

schi

ፈረስ ግልቢያ

polo

እንቅስቃሴዎች

activități

መ ፍ

a scrie

መሳል

a desena

ማሳየት

a arăta

መግፋት

a împinge

መስጠት

a da

መዉሰድ

a lua

መያዝ
....
a avea

ማድረግ
....
a face

መሆን
....
a fi

መቆም
....
a sta în picioare

መሮጥ
....
a fugi

መሳብ
....
a trage

መወርወር
....
a arunca

መዉደቅ
....
a cădea

መዋሸት
....
a sta întins

መጠበቅ
....
a aștepta

መሸከም
....
a purta

መቀመጥ
....
a ședea

መልበስ
....
a se îmbrăca

መተኛት
....
a dormi

መንቃት
....
a se trezi

መመልከት

a privi

ማለልቀስ

a plânge

መጫር

a mângâia

ማበጠር

a se pieptăna

ማዉራት

a vorbi

መረዳት

a înțelege

ጥያቄ

a întreba

ማዳመጥ

a asculta

መጠጣት

a bea

መብላት

a mânca

ማንፃት

a face ordine

ማፍቀር

a iubi

ምግብ ማብሰል

a găti

መንዳት

a conduce

መብረር

a zbura

መርከብ መንዳት

a naviga

ቁጥሮችን ማስላት

a calcula

ማንበብ

a citi

መማር

a învăța

መስራት

a munci

ማግባት

a se căsători

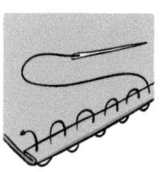

መስፋት

a coase

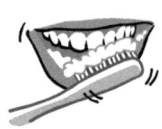

ጥርስ መቦረሽ

a se spăla pe dinți

መግደል

a ucide

ማጨስ

a fuma

መላክ

a trimite

የሴት አያት
bunică

የወንድ አያት
bunic

አባት
tată

እናት
mamă

ህፃን
bebeluș

ሴት ልጅ
soră

ወንድ ልጅ
fiu

እንግዳ

oaspete

አክስት

mătușă

አጎት

unchi

ወንድም

frate

እህት

soră

አካል
corp

ግንባር
frunte
አይን
ochi
ትከሻ
umăr
ጣት
deget
faţă
አገጭ
bărbie
እጅ
mână
እግር
picior
ጡት
piept
ክንድ
braţ

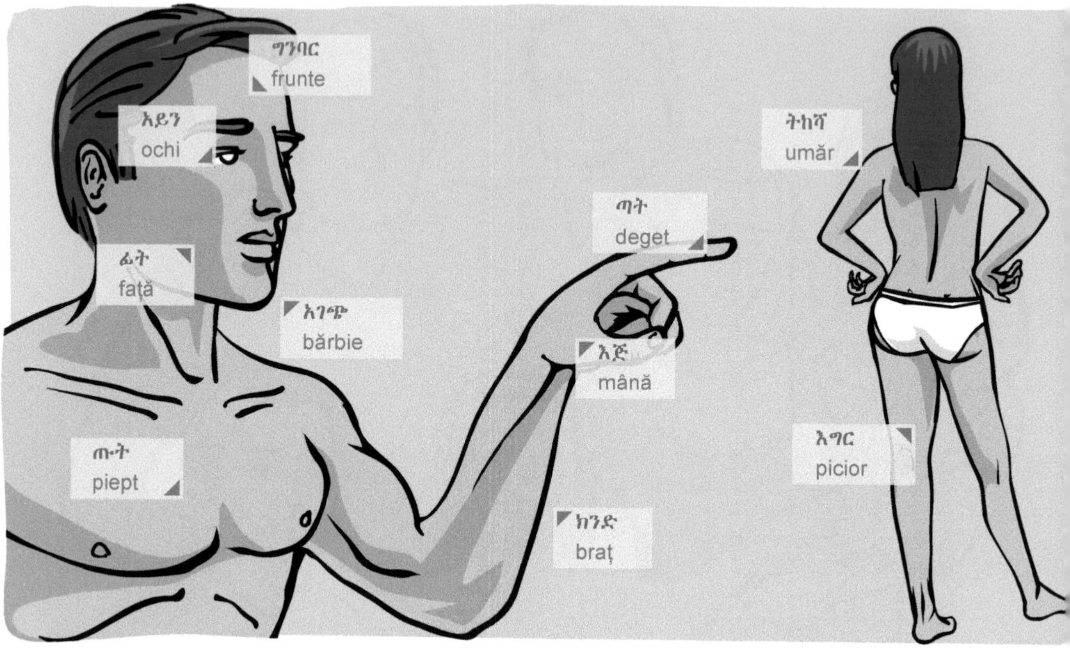

ህፃን

bebeluș

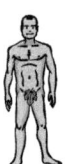

ሰዉ

bărbat

ሴት

femeie

ልጃገረድ

fată

ወንድ ልጅ

băiat

ራስ

cap

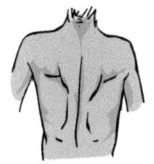

ጀርባ

spate

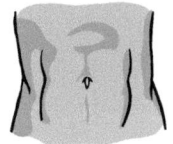

ሆድ

abdomen

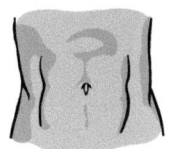

እምብርት

ombilic

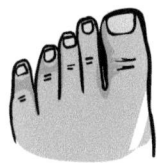

የእግር ጣት

deget de la picior

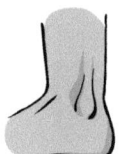

ተረከዝ

călcâi

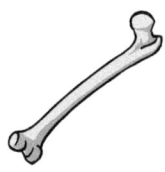

አጥንት

os

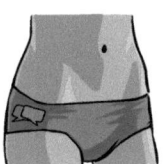

ዳሌ

șold

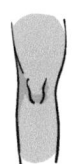

ጉልበት

genunchi

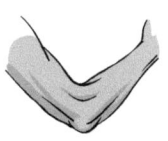

ክርን

cot

አፍንጫ

nas

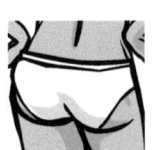

ቂጥ

fund

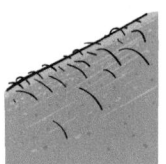

ቆዳ

piele

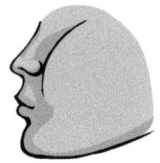

ጉንጭ

obraz

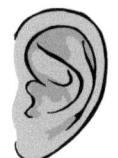

ጆሮ

ureche

ከንፈር

buză

አፍ
gură

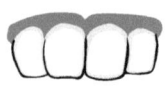

ጥርስ
dinte

ምላስ
limbă

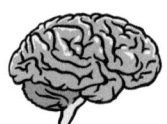

አንጎል
creier

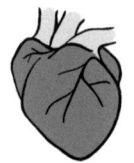

ልብ
inimă

ጡንቻ
mușchi

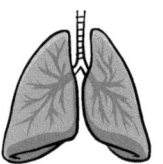

ሳምባ
plămân

ጉበት
ficat

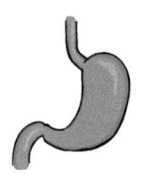

ሆድ
stomac

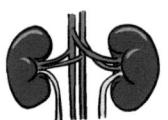

ኩላሊቶች
rinichi

የግብረስጋ ግንኙነት
sex

ኮንዶም
prezervativ

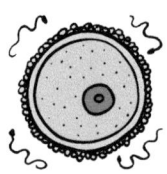

የሴት እንቁላል
ovul

የዘር ፈሳሽ
spermă

እርግዝና
sarcină

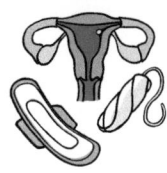

የወር አበባ

menstruație

እምስ

vagin

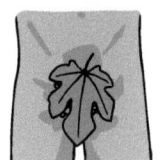

ቁላ

penis

ቅንድብ

sprânceană

ፀጉር

păr

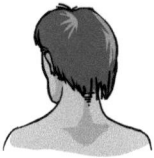

አንገት

gât

ሆስፒታል

spital

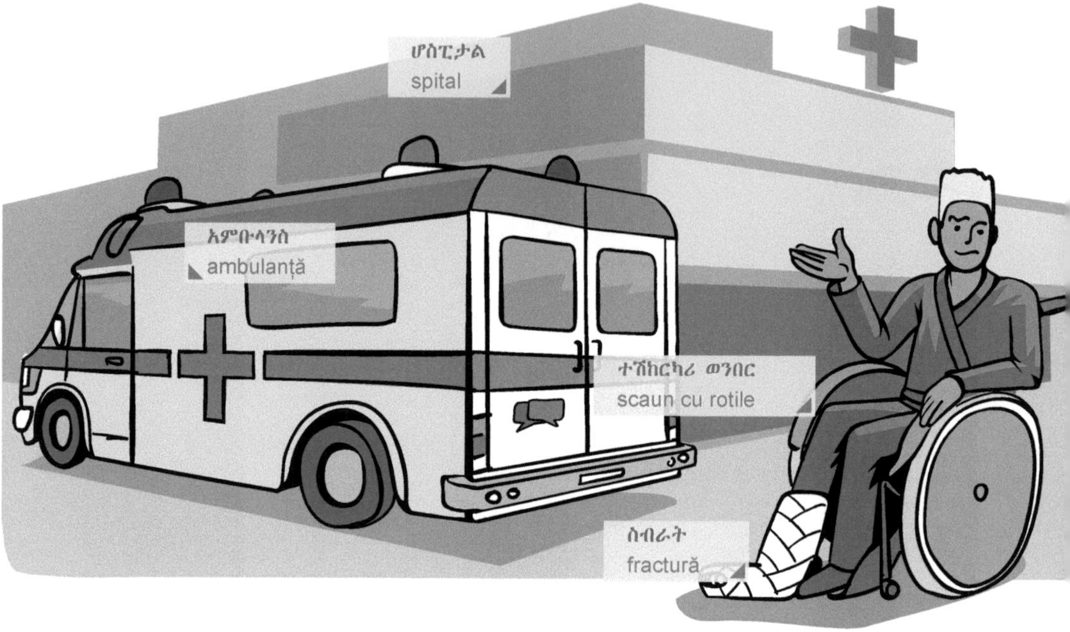

ሆስፒታል
spital
አምቡላንስ
ambulanță
ተሽከርካሪ ወንበር
scaun cu rotile
ስብራት
fractură

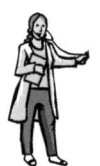

ዶክተር

medic

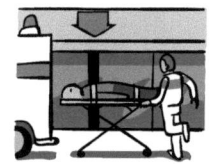

ድንገተኛ ክፍል

unitate de primiri urgențe

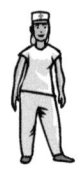

ነርስ

soră medicală

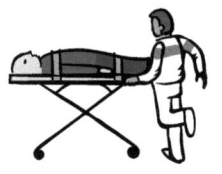

ድንገተኛ

urgență

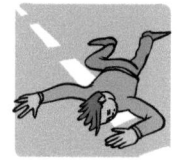

ራስን መሳት/ አለማወቅ

inconștient

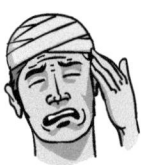

ህመም

durere

ጉዳት

leziune

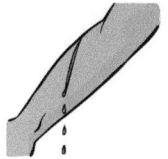

መድማት

sângerare

የልብ ድካም

infarct miocardic

ስትሮክ

atac cerebral

አለርጂ

alergie

ሳል

tuse

ትኩሳት

febră

ኢንፍሉዌንዛ

gripă

ተቅማጥ

diaree

የራስ ምታት

durere de cap

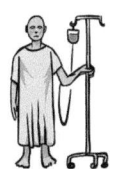

ካንሰር

cancer

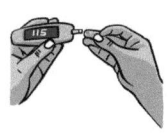

የስኳር በሽታ

diabet

ቀዶ ጠጋኝ ሐኪም

chirurg

የቀዶ ጥገና ስለት

scalpel

ቀዶ ጥገና

operaţie

ሲቲ

CT

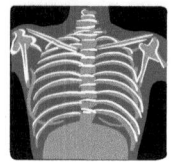

ኤክስሬዮ

raze Röntgen

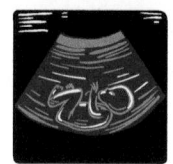

አልትራሳዉንድ

ultrasunet

የፊት ጭምብል

mască

በሽታ

boală

መጠበቂያ ክፍል

sală de așteptare

ምርኩዝ

cârjă

የቁስል ማሸጊያ

plasture

ፋሻ

bandaj

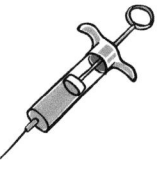

መርፌ

injecție

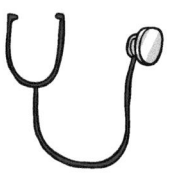

የልብ ምት ማዳመጫ መሳሪያ

stetoscop

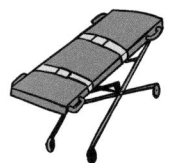

የበሽተኛ አልጋ

targă

የህክምና ሙቀት መለኪያ መሳሪያ

termometru

መውለድ

naștere

ከልክ ያለፈ ክብደት

supraponderabilitate

ለመስማት የሚረዳ መሳሪያ

aparat auditiv

ፀረ ተባይ መድሀኒት

dezinfectant

ማመርቀዝ

infecție

ቫይረስ

virus

ኤች አይቪ ኤድስ

HIV/SIDA

ህክምና

medicină

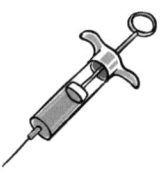

ክትባት

vaccin

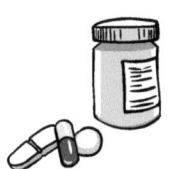

ኪኒን

tablete

ኪኒን

pastilă

አስቸኳይ የስልክ ጥሪ

apel de urgență

ደም ግፊት መቆጣጠሪያ

aparat de măsurare a
presiunii arteriale

ህመም/ ጤንነት

bolnav/sănătos

ድንገተኛ

urgență

እርዳታ!

Ajutor!

ማንቂያ ደዉል

alarmă

ጥቃት

agresiune

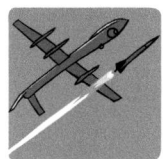

ድብደባ

atac

አደጋ

pericol

የድንገተኛ መዉጫ

ieșire de urgență

እሳት!

Foc!

እሳት ማጥፊያ

extinctor

አደጋ

accident

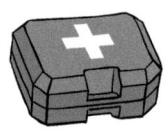

የመጀመሪያ እርዳታ መድሃኒት መያዣ

trusă de prim-ajutor

ነፍስ አድን

SOS

ፖሊስ

poliție

አዉሮፓ

Europa

ሰሜን አሜሪካ

America de Nord

ደቡብ አሜሪካ

America de Sud

አፍሪካ

Africa

እስያ

Asia

አዉስትራሊያ

Australia

አትላንቲክ

Altantic

ፓስፊክ

Pacific

የህንድ ዉቅያኖስ

Oceanul Indian

አንታርክቲክ ዉቅያኖስ

Oceanul Antarctic

አርክቲክ ዉቅያኖስ

Oceanul Arctic

ሰሜን ዋልታ

Polul Nord

ደቡብ ዋልታ

Polul Sud

አንታርክቲካ

Antarctica

ምድር

pământ

መሬት

țară

ባህር

mare

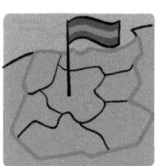

ደሴት

insulă

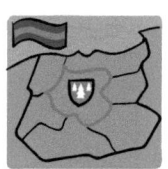

አገርና ህዝብ

națiune

መንግስት

stat

ምድር - pământ

ሰዓት
ceas

የሰዓት ገፅታ

cadran

ሰዓት

orar

ደቂቃ

minutar

ሴኮንድ

secundar

ስንት ሰዓት ነው?

Cât e ceasul?

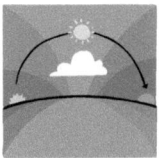

ቀን

zi

ጊዜ

timp

አሁን

acum

የቁጥር ሰዐት

cead digital

ደቂቃ

minut

ሰዓታት

oră

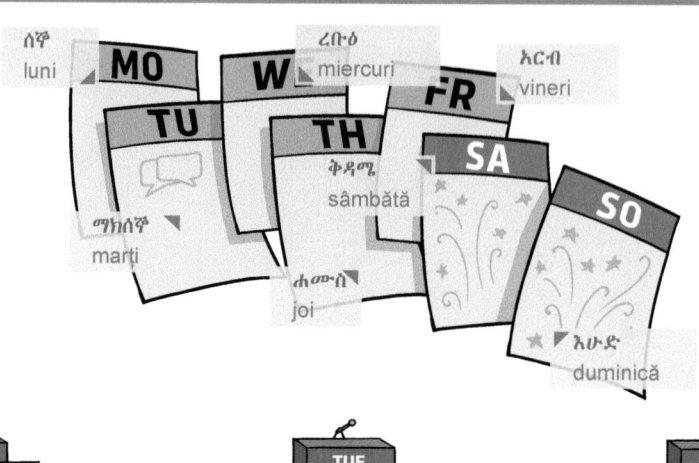

ሳምንት

săptămână

ሰኞ
luni
MO
ረቡዕ
miercuri
W
vineri
FR
TU
TH
ቅዳሜ
sâmbătă
SA
SO
ማክሰኞ
marți
ሐሙስ
joi
እሁድ
duminică

1

ትላንት

ieri

2

ዛሬ

azi

3

ነገ

mâine

ማለዳ

dimineață

ቀትር

amiază

ምሽት

seară

MO TU WE TH FR SA SU
1 2 3 4 5 6 7
8 9 10 11 12 13 14
15 16 17 18 19 20 21
22 23 24 25 26 27 28
29 30 31 1 2 3 4

የስራ ቀናት

zile lucrătoare

MO TU WE TH FR SA SU
1 2 3 4 5 6 7
8 9 10 11 12 13 14
15 16 17 18 19 20 21
22 23 24 25 26 27 28
29 30 31 1 2 3 4

የዕረፍት ቀናት

week-end

ዝናብ
ploaie
ቀስተ ዳመና
curcubeu
ጥጥ የሚመስል አመዳይ
በረዶ
zăpadă
vant
ፀደይ
primăvară
በጋ
vară
መኸር
toamnă
ክረምት
iarnă

የአየር ሁኔታ ትንበያ

prognoză meteo

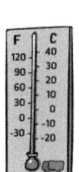

C

የሙቀት መለኪያ

termometru

የፀሀይ ሙቀት

lumina soarelui

ደመና

nor

ጭጋግ

ceață

እርጥበታማነት

umiditate a aerului

መብረቅ
....
fulger

ነጎድጓድ
....
tunet

አዉሎ ንፋስ
....
furtună

የበረዶ ዝናብ
....
grindină

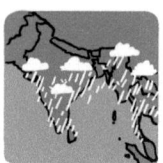

አዉሎ ንፋስ
....
muson

ጎርፍ
....
inundaţie

በረዶ
....
gheaţă

ጥር
....
ianuarie

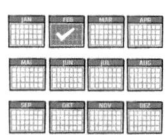

የካቲት
....
februarie

መጋቢት
....
martie

ሚያዚያ
....
aprilie

ግንቦት
....
mai

ሰኔ
....
iunie

ሐምሌ
....
iulie

ነሀሴ
....
august

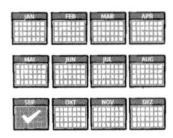

መስከረም

septembrie

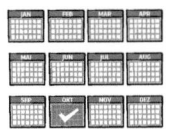

ጥቅምት

octombrie

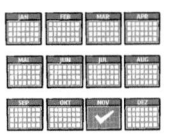

ህዳር

noiembrie

ታህሳስ

decembrie

ቅርፆች

forme

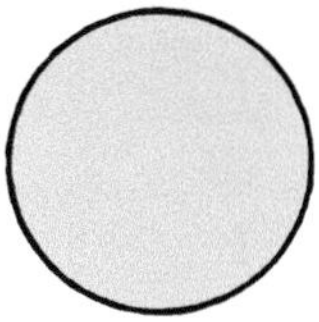

ክብ

cerc

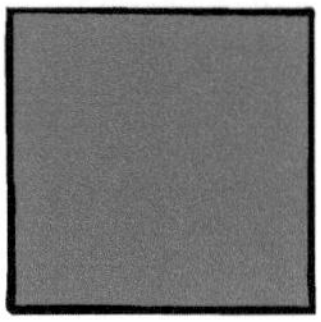

አራት ማዕዘን

pătrat

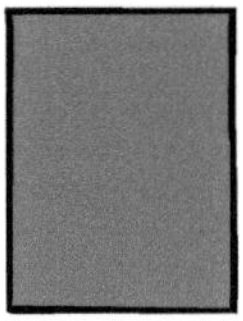

አራት ቀጥተኛ ማዕዘኖች ጎኖች ያሉት ቅርፅ

dreptunghi

ሶስት ማዕዘን

triunghi

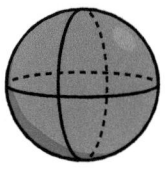

ሉል

sferă

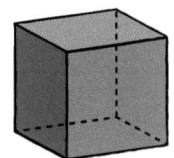

ስድስት ጎን ያለዉ ቅርፅ

cub

ቀለማት

culori

ነጭ

alb

ቢጫ

galben

ብርቱካናማ

portocaliu

ሮዝ

roz

ቀይ

roșu

ወይን ጠጅ

violet

ሰማያዊ

albastru

አረንጓዴ

verde

ኒ

maro

ራጫ

gri

ጥቁር

negru

ተቃራኒዎች
antonime

ብዙ/ ጥቂት

mult/puțin

ንዴት/ እርጋታ

furios/calm

ቆንጆ/ አስቀያሚ

frumos/urât

ጅማሬ/ ፍፃሜ

început/sfârșit

ትልቅ/ ትንሽ

mare/mic

ደማቅ/ ደብዛዛ

luminos/întunecat

ወንድም/ እህት

frate/soră

ንፁህ/ ቆሻሻ

curat/murdar

የተሟላ/ ያልተሟላ

complet/incomplet

ቀን/ ምሽት

zi/noapte

የሞተ/ ህያዉ

mort/viu

ሰፊ/ ጠባብ

lat/strâmt

የሚበላ/ የማይበላ

comestibil/necomestibil

ክፉ/ ደግ

rău/prietenos

ደስተኛ/ ድብርተኛ

emoționat/plictisit

ወፍራም/ ቀጭን

gras/slab

መጀመርያ/ መጨረሻ

primul/ultimul

ጓደኛ/ ጠላት

prieten/inamic

ሙሉ/ ጎዶሎ

plin/gol

ጠንካራ/ ለስላሳ

tare/moale

ከባድ/ ቀላል

greu/ușor

ረሃብ/ ጥማት

foame/sete

ህመም/ ጤንነት

bolnav/sănătos

ህገወጥ/ ህጋዊ

ilegal/legal

ጎበዝ/ ደደብ

inteligent/stupid

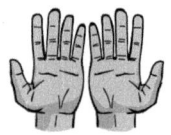

ግራ/ ቀኝ

stânga/drepta

ቅርብ/ ሩቅ

aproape/departe

አዲስ/ አሮጌ
nou/uzat

ምንም/ የሆነ ነገር
nimic/ceva

ሽማግሌ/ ወጣት
bătrân/tânăr

የበራ/ የጠፋ
pornit/oprit

ክፍት/ ዝግ
deschis/închis

ፀጥታ/ ጫጫታ
încet/tare

ሃብታም/ ደሃ
bogat/sărac

ትክክለኛ/ የተሳሳተ
corect/fals

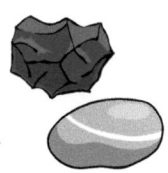

ሻካራ/ ለስላሳ
aspru/neted

ሐዘን/ ደስታ
trist/fericit

አጭር/ ረዥም
lung/scurt

ዝግተኛ/ ፈጣን
încet/repede

እርጥብ/ ደረቅ
ud/uscat

ሞቃት/ ቀዝቃዛ
cald/rece

ጦርነት/ ሰላም
război/pace

ተቃራኒዎች - antonime

ቁጥሮች

cifre

0

ዜሮ

zero

1

አንድ

unu

2

ሁለት

doi

3

ሶስት

trei

4

አራት

patru

5

አምስት

cinci

6

ስድስት

șase

7

ሰባት

șapte

8

ስምንት

opt

9

ዘጠኝ

nouă

10

አስር

zece

11

አስራ አንድ

unsprezece

12

አስራ ሁለት
....
douăsprezece

13

አስራ ሶስት
....
treisprezece

14

አስራ አራት
....
paisprezece

15

አስራ አምስት
....
cincisprezece

16

አስራ ስድስት
....
șaisprezece

17

አስራ ሰባት
....
șaptesprezece

18

አስራ ሰስምንት
....
optsprezece

19

አስራ ዘጠኝ
....
nouăsprezece

20

ሃያ
....
douăzeci

100

መቶ
....
o sută

1.000

ሺህ
....
o mie

1.000.000

ሚሊዮን
....
un milion

ቋንቋዎች

limbi

እንግሊዝኛ

engleză

የአሜሪካ እንግሊዝኛ

engleză americană

የቻይና ማንዳሪን

chineza mandarină

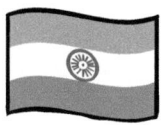

ሂንዱ

hindi

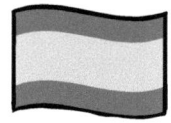

ስፓኒሽ

spaniolă

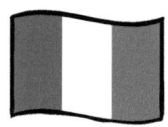

ፍሬንች

franceză

አረብኛ

arabă

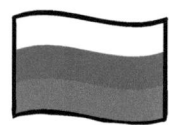

ራሺያኛ

rusă

ፖርቹጊዝ

protugheză

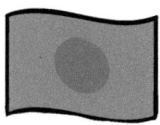

ቤንጋሊ

bengaleză

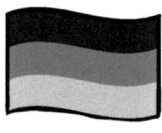

ጀርመን

germană

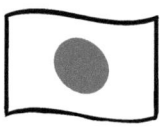

ጃፓንኛ

japoneză

ማን/ ምን/ እንዴት

cine/ce/cum

እኔ

eu

አንተ

tu

እሱ/ እርሷ/ እቃዉ

el/ea

እኛ

noi

አንተ

voi

እነርሱ

ea

ማን?

cine?

ምን?

ce?

እንዴት?

cum?

የት?

unde?

መቼ?

când?

ስም

nume

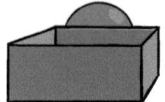

የት

unde

በስተጀርባ

în spate

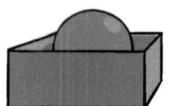

ዉስጥ

în

ከፊት ለፊት

înainte

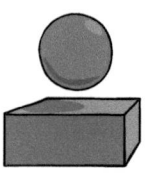

ከላይ

peste

ላይ

pe

ከስር

sub

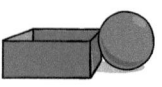

አጠገብ

lângă

መሃከል

între

ቦታ

loc